AF227705

LA
POLITIQUE
DU
BON SENS

TOURS

CATTIER, LIBRAIRE-ÉDITEUR

—

1871

LA POLITIQUE

DU BON SENS

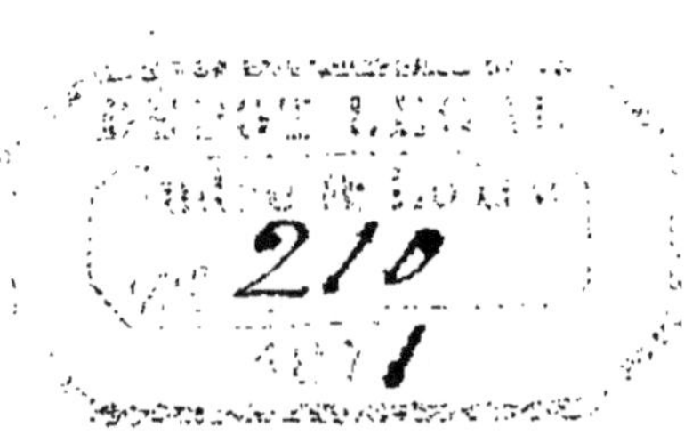

TOURS

CATTIER, LIBRAIRE-ÉDITEUR

—

1871

PRÉFACE

La politique du bon sens est la seule qui puisse sauver la France.

Depuis longtemps nous nous laissons leurrer par des doctrines antisociales et par des principes anarchistes. Sortons de cette ornière, ce sera sortir du sentier qui conduit à l'abîme.

Ayons la force de nous débarrasser de nos préjugés politiques, de condamner nos prétendues conquêtes, de revenir à des maximes plus vraies, plus conservatrices, plus françaises.

Au nombre des institutions dues à l'esprit moderne, nous devons compter le suffrage universel ; ne le détruisons pas, il fait partie de notre vie sociale, mais réformons-le selon les besoins du temps actuel.

La République *a trop fait de bien et trop fait de mal* pour que nous la puissions garder ;

elle ne pouvait être qu'un régime de transition ; elle va tomber d'elle-même haletante, épuisée. le jour où disparaîtront des cadres ministériels les hommes qui demandent encore son maintien .

L'empire a vécu de fait depuis la révolution du 4 septembre, de droit depuis le vote de l'Assemblée nationale : ne le rétablissons pas.

Réalisons le vœu de M. Thiers : « J'ai pensé » toute ma vie au gouvernement que mon pays » pouvait souhaiter, et, si j'avais eu le pouvoir » qu'aucun mortel n'a jamais eu, j'aurai donné à » mon pays ce que, dans la mesure de mes » forces, j'ai travaillé quarante ans à lui assurer, » sans pouvoir y réussir : la monarchie constitu- » tionnelle de l'Angleterre. »
(Assemblée nationale de Versailles, 8 juin 1871.)

Rétablisons la monarchie héréditaire constitutionnelle dans la personne auguste de monseigneur le comte de Chambord, Henri de Bourbon.

I

Le suffrage universel

—

Un mot nouveau a été lancé dans le monde moderne, apportant avec lui une idée inconnue des âges passés, mettant en lumière une théorie d'origine récente.

Désormais, sans aucune exception, tous seront électeurs, maîtres, législateurs, chefs, souverains, potentats.

L'ère des merveilles va s'ouvrir, le suffrage universel porte dans ses flancs la déesse de la liberté et le dieu de la paix; l'humanité a grandi de cent coudées, les princes braveront les ouragans des révolutions et les désastres des batailles, les nations se salueront entre elles dans l'union et l'amour.

Entendez-vous l'hosanna de la douce concorde...

Les sociétés ne sauraient subsister sans un pouvoir, force prépondérante destinée à grouper les efforts de tous pour le bien général et à ramener à l'ordre et au respect des droits les volontés perverses qui s'efforcent de le troubler par la violence.

Mais en qui réside ce pouvoir, clef de voûte de l'édifice social?

Il réside dans la nation, laquelle le tient de Dieu.

Les peuples, comme les individus, sont soumis à la loi divine de justice, essentiellement indépendante de leur volonté et promulguée par la conscience du genre humain; ils ne sont que les dépositaires d'un droit qu'ils n'ont point fondé; leur souveraineté n'est ni radicale, ni absolue, elle est médiate et dépendante : la source en est divine.

Une erreur s'est produite : Jurieu, pasteur de l'école protestante, et Rousseau, chef de la cohorte révolutionnaire, ont soutenu que la nation était, par droit primordial, maîtresse absolue d'elle-même, arbitre indépendant de ses destinées, et, conséquemment, qu'elle pouvait, sans motifs légitimes, renverser le pouvoir qu'elle avait fondé.

De cette théorie dangereuse est né le suffrage universel, qu'on proclame aujourd'hui le grand maître de la société, sans tenir compte des principes, des traditions, des faits, de la conscience, du droit, de la raison, de Dieu.

Le suffrage universel, ainsi entendu, conduit au communisme le plus monstrueux.

Supposer que tous les hommes sont égaux en intelligence, en discernement, en savoir, en probité, c'est commettre la faute la plus énorme. Le suffrage universel proclame cette égalité mensongère et en fait la base de toute constitution. Pour lui, point de catégorie dans la région de l'intelligence, tous s'avancent sur la même ligne, les suffrages ont même autorité, même poids, même valeur. Le nombre, résultat de l'ignorance, de la mauvaise foi, des intrigues les plus basses, fera la loi, régnera, gouvernera.

Théorie sublime !

La science, le savoir, l'éducation, l'expérience, le génie ne sont rien ; les intelligences sont nivelées, les âmes alignées, le nombre est tout.

Le suffrage universel est un principe né de l'inexpérience. Le *Figaro* disait, ces jours derniers : « Le suffrage universel peut être consi- » déré comme la plus notable sottise politique » de notre temps. »

Chez tous les peuples, en effet, aux différentes époques de l'histoire, les législateurs n'ont jamais reconnu qu'une seule égalité : l'égalité devant la loi ; c'est la seule logiquement admissible. La loi est à tous et pour tous ; vouloir en établir une autre, c'est sortir de la nature, qui a donné aux différents êtres de la création des dons si multiples, des prérogatives si diverses, des facultés si variées ; c'est entrer dans la région des utopies et des rêves, pour le seul plaisir de forger une théorie nouvelle. En toutes choses les utopies sont dangereuses, en politique elles sont mortelles.

Des publicistes d'une grande autorité ont admis en principe le suffrage universel comme sauvegarde naturelle des droits de chacun et comme levier seul capable de porter les peuples jusqu'au degré de dignité que comporte la nature humaine. Mais ils ont avoué, avec une profonde amertume, que l'éducation politique des électeurs étant loin de répondre aux nécessités du moment présent, il importait absolument d'ajourner le fonctionnement d'un engin si dangereux. Leur aveu mérite d'être recueilli ; il atteste jusqu'à l'évidence l'impossibilité de maintenir ce mode d'élection dans sa forme actuelle.

La nature humaine, dans sa grande généralité, s'élève difficilement jusqu'aux notions supra-sensibles, jusqu'à cette intuition réfléchie des phénomènes intellectuels, jusqu'à cette étude des causes des événements qui se produisent sous nos yeux. Comment alors pourra-t-elle juger la valeur d'une théorie, apprécier l'opportunité d'une loi, saisir même les traits principaux d'une profession de foi politique? Comment lui confier sans trembler le mandat de choisir les hommes qui doivent la gouverner? Comment déposer sans frémir, entre ses mains débiles, comme sur leur base naturelle, le piédestal des trônes?

Jamais, malgré les plus constants efforts, vous ne parviendrez à faire ce qu'on appelle vulgairement l'éducation politique des peuples. Si vous vivez à la campagne, vous avouerez sans peine que ce travailleur, dont vous admirez l'activité, restera éternellement incapable de résoudre vos problèmes sociaux et de discuter vos systèmes politiques. En général, le cultivateur n'ambitionne point les honneurs que vous voulez lui rendre; bien plus, il est visiblement fatigué de ces votes que vous lui faites émettre, et pourvu qu'il puisse élever sa famille, remplir ses engagements, vivre en paix, il vous abandonne sans regret, à vous les hommes du savoir, les rênes du gouvernement.

L'ouvrier des villes a, dit-on, plus de connaissances des affaires publiques et surtout plus de désir de compter pour quelque chose dans le mouvement politique des sociétés.

Moralisez-le, et il sera digne du suffrage universel!

L'instruction ne suffit pas. Nous avons vu passer par nos villes et nos campagnes ces barbares du Nord et nous garderons le souvenir de leur abjection, de leur servilisme, de leur brutalité : Ce peuple savant ne sera jamais digne d'élire ses chefs, jamais !

Le suffrage universel est un principe impuissant. Il n'a jamais enfanté une œuvre durable. L'histoire le démontre. Il s'agite, court, s'épuise, remue ciel et terre, ébranle les institutions, divise les individus, sépare les familles, ruine les provinces, ébranle l'État pour ne rien produire, pour nous donner un Bonaparte, pour arracher un *oui* à des masses enchaînées au char du préjugé ; pour nous doter d'un Rochefort, ce cuistre de premier choix ; d'un Pyat, cet inepte et sanguinaire démagogue ; d'un Tolain, ce coryphée de l'Internationale.

C'est en outre un principe subversif de toute société.

Le suffrage universel relègue nécessairement au second plan le savoir et l'honnêteté, pour mettre en première ligne l'ignorance et la forfanterie, d'où il suit que, vingt fois sur une, le pouvoir tombera entre les mains d'hommes inexpérimentés ou mauvais. Dans un tel état de choses, quelle société pourra vivre ? Paris s'est lassé de

Napoléon, s'est jeté dans les bras des hommes du 4 septembre, s'est soulevé contre le régime qu'il avait fondé, a envoyé à l'Assemblée nationale des députés dont le moindre défaut est l'ignorance la plus absolue des affaires, a inauguré l'ère d'une révolution qui ne visait à rien moins qu'à la ruine totale de la France. Voilà les coups du suffrage universel. Les trônes les plus solidement établis et les plus dévoués aux intérêts des peuples, les institutions les plus salutaires et les plus respectables ne résisteront pas aux assauts incessants d'une puissance irrésistible et aveugle. Le monde sera voué à la fatalité du sort, l'ordre devra céder la place à l'anarchie, et les peuples connaîtront, de lustres en lustres, les tortures des révolutions périodiques. C'est la voie qui mène à la décadence, à la mort.

— « Que voulez-vous faire? » disait M. de La Rochejaquelin à Proudhon. — « Je veux tout détruire. » — « Que deviendrons-nous alors? » — « Cent ans après nous, il viendra quelqu'un qui édifiera quelque chose. »

Tout détruire, ne rien édifier, voilà le programme de la révolution; or, la révolution compte sur les masses ignorantes ou passionnées, elle les guide par le suffrage universel.

Aussi, que devient la conscience publique?

Elle se fausse, se dénature, se dégrade. Si le droit réside là où gît la majorité, il s'ensuit naturellement que le droit n'est qu'une qualification sans réalité, un mot sans idée, *figmentum sine re*, conséquemment que la justice est une iniquité, puisqu'elle louera demain ce qu'elle blâme aujourd'hui ; la loi une entrave tyrannique, puisqu'elle s'oppose à des actes qu'elle ordonnera plus tard ; le bien un non sens, puisqu'il arrête à cette heure l'essor d'une intelligence qui sera libre dans quelques jours de suivre l'élan qui la domine.

Mais n'est-ce pas une tentative insensée d'oser s'attaquer à un principe passé dans les habitudes des peuples modernes et de vouloir détruire une institution qui paraît répondre à des nécessités présentes ?

Nous n'attaquons pas le principe puisque nous le trouvons légitime, nous demandons seulement sa modification dans l'exercice, vu l'état actuel de la France.

Nous supplions nos législateurs de ne pas attendre à une autre époque pour établir une réforme réclamée par la situation même de notre infortuné pays.

Mais comment réformer le suffrage universel ? Là est toute la question.

Si nous n'avions à proposer que la loi électorale basée sur le cens, nous la proposerions, malgré ses imperfections, de préférence au suffrage universel.

Ce qu'il importe, avant tout, pour une loi électorale, c'est d'arriver à trouver des électeurs capables de bien choisir leurs mandataires. Or, moins vous aurez d'électeurs, moins vous aurez de citoyens indignes et incapables. La loi électorale, fondée sur le taux déterminé de l'impôt, limite le nombre des électeurs, et, partant, présente des garanties plus solides que le suffrage universel. La fortune ne s'allie pas toujours avec le savoir et l'honnêteté, néanmoins elle offre plus rarement le spectacle de l'ignorance et de l'indélicatesse.

C'est à la vérité une loi toute d'arbitraire, qui éloigne de la vie civile et des droits politiques une immense multitude de citoyens honorables que les circonstances n'ont pas favorisés, et l'arbitraire n'est pas moins dangereux que l'utopie.

Voilà pourquoi nous rejetons ce mode d'élection pour en présenter un autre qui nous paraît réunir des conditions suffisantes de stabilité et d'honnêteté publiques. Nous le formulons ainsi :

Tout chef de maison est électeur.

Nous n'avons pas la prétention d'offrir un

principe parfait en matière électorale, nous soutenons seulement que, de tous ceux qui sont mis en pratique, chez les nations civilisées, c'est le plus logique, le plus stable et le plus libéral.

Nous voudrions voir la France affranchie de ces perpétuelles agitations qui l'affaiblissent et finiront par la reléguer au rang de puissance de second ordre. Le moyen d'atteindre ce but, c'est de s'adresser à des électeurs ayant intérêt à la marche régulière des affaires du pays, et ces électeurs sont et ne peuvent être que les chefs de maison. Sans doute, dans cette catégorie d'individus, nous en trouverons un certain nombre qui oublieront leur rôle et seront indignes de l'honneur qui leur est fait : l'humanité est l'humanité, elle porte avec elle le triste bagage de ses faiblesses et de ses misères ; mais l'immense majorité sera forcément arrêtée dans ses désirs irréfléchis par la considération des dommages qui la frapperaient elle-même.

Le citoyen libre de toute direction d'affaires et de tout souci de foyer n'a qu'un intérêt secondaire et indirect à la prospérité générale ; il est seul, sans foyer à défendre, sans famille à protéger, sans enfants à soutenir, sans biens à gérer ; s'il est jeune encore, il envisage la vie sous son côté brillant et ne voit d'ordinaire, dans une perturbation sociale, que le moyen de se caser ; s'il a déjà atteint un certain âge, sa vie nomade et indépendante prouve qu'il n'a pas suivi les inspirations de son cœur et les impulsions de la nature, qui engage toute créature intelligente à fonder une famille ; la société ne peut guère lui confier le soin de la protéger : en choisissant les chefs du pouvoir, il choisirait mal.

La stabilité des institutions résulte donc de l'élection confiée aux seuls chefs de maison ; seuls ils représentent sérieusement la société ; seuls ils ont un pouvoir naturel, stable, réel ; seuls ils peuvent savoir diriger les affaires de tout le monde, habitués qu'ils sont à diriger leurs propres affaires.

Ici nous sommes sur un terrain solide, nous travaillons à coup sûr au progrès de la conscience politique, nous concourons au maintien de cette morale universelle qui grandit les nations, nous honorons la famille, nous entourons le front du chef de maison d'une auréole de dignité et de grandeur, nous engageons les citoyens à suivre les lois de la nature et à chercher dans la stabilité d'une famille honnête le repos et l'aisance.

Notre proposition n'établit pas un privilége, elle fait un choix commandé par les besoins les plus impérieux et par la logique la plus inflexible. Un privilége regarde une classe spéciale d'individus séparés des autres par des limites artificielles et arbitraires. Dans notre projet c'est la nature elle-même qui détermine le droit, qui le circonscrit, qui l'élargit, que dis-je? c'est le citoyen lui-même qui reste maître de son droit et qui peut s'en octroyer les prérogatives. Qui pourra se plaindre? Qui parlera d'arbitraire? Qui objectera le scandale? Le scandale? Il existe par notre suffrage universel, qui jette la plus profonde désorganisation dans l'ordre politique, et qui, d'ailleurs, ne réalise même pas l'idée qu'il renferme, puisque les trois quarts du genre humain sont écartés du scrutin. L'arbitraire? Il apparaît dans la loi du cens, qui fonde le plus sacré des droits sur le plus ou moins de fortune des individus, confondant deux choses nécessairement distinctes : la moralité et la richesse.

Le suffrage universel doit donc être restreint au suffrage des chefs de maison.

II

La République

Nos modernes publicistes sont tombés dans une grave erreur quand ils ont confondu la République avec le pouvoir chargé de la régir ; c'était confondre deux choses parfaitement distinctes : la société, *res publica*, et l'autorité, qui administre, règne et gouverne. Aussi leur définition de la République, — le gouvernement du pays par le pays, — nous paraît-elle d'une grande inexactitude. Le pays ne gouverne pas, il est gouverné ; il a besoin d'être gouverné, il ne saurait gouverner.

Regarder le peuple en général comme le dépositaire du pouvoir, lui reconnaître le droit de le transmettre à ceux qu'il choisit, c'est être dans la vérité la plus rigoureuse ; mais lui supposer le droit de gouverner, c'est jeter la perturbation la plus profonde dans la société.

Le député républicain choisi par le peuple favorisera les instincts des foules, viendra dans des assemblées tumultueuses demander l'avis des électeurs : « Vous êtes le pays, leur dira-t-il, » je suis votre représentant ; à vous de parler, » à moi d'agir conformément à vos ordres. »

Que deviendrait le pouvoir soumis à des forces aussi diverses ? Quelles oscillations ne ressentirait pas la société emportée par un mouvement de plus en plus accéléré.

De ces considérations préliminaires ressort tout naturellement l'impossibilité presque absolue d'établir la République en France.

. Mais approfondissons ce sujet.

Cette République, dirons-nous à nos républicains convaincus, vous la voulez honnête et modérée, vous ne voulez pas qu'elle soit un régime de licence, vous vous opposez à ce qu'elle se transforme en Révolution.

Eh bien ! permettez-nous de vous dire que, sur le sol français, il vous sera à tout jamais impossible de fonder un tel régime.

Le Français est actif, impatient du joug, facilement irritable, enclin à la raillerie, inconstant dans ses goûts, plus inconstant encore dans ses volontés ; il aime la dignité dans ceux qui le gouvernent, se plaint facilement des entraves que le pouvoir apporte à ses désirs, critique les mesures les plus louables pour le plaisir de passer le temps, finit par respecter l'autorité qu'il voit ferme et supérieure à toute idée de crainte et de pusillanimité, réclame sans cesse des réformes sans paraître les désirer beaucoup, s'acharne, avec une persistance que rien ne lasse, contre le pouvoir qui s'étonne de ses attaques. L'antagonisme entre le gouvernement et le peuple naît presque naturellement en France ; de l'antagonisme à la lutte il n'y a qu'un pas, et la lutte c'est le désordre.

Le pouvoir est donc aux mains de nos républicains honnêtes et modérés, — car nous ne pouvons admettre une République soutenue par des monarchistes. — Le peuple les connaît, ces hommes ; il sait l'histoire de leur passé politique ; il les a vus se mêler aux luttes passionnées des partis extrêmes ; il a été, plus d'une fois, témoin de leurs impatiences et de leurs colères; il a pu facilement découvrir la mutabilité de leurs principes ; il lui est difficile de les entourer de ce respect dû aux chefs des nations, de leur accorder cette confiance qui assure la marche des affaires, de leur croire cette expérience des hommes et des choses, sans laquelle l'ordre même paraît compromis ; ils sont sortis de ses rangs, il les connaît trop, il leur obéira avec peine ; à la première faute qu'ils commettront, il saura leur dire : « Prenez garde. je vais vous destituer. » Et l'antagonisme se montrera d'autant plus prononcé que nos honnêtes républicains .s'opposeront énergiquement aux attaques qui menacent leur autorité ; le pouvoir a des charmes, qui le possède le veut garder, c'est une faiblesse de l'humaine nature. Dans ces conditions, comment rester fidèle aux règles de la modération? Le peuple, fort du droit que vous lui reconnaissez, travaille à vous renverser ; vous, les premiers de la République, vous travaillez à asseoir plus solidement votre domination. La lutte va s'engager, à moins de concessions de votre part ; vous faites ces concessions si vous tenez au pouvoir ; ces concessions en motivent d'autres et plus nombreuses et plus larges, et ainsi vous glissez sur la pente de l'arbitraire.

Votre République honnête et modérée ne peut donc durer, et à cause du caractère national et à cause des républicains et de leurs principes.

En outre, vous ne voulez pas que votre République soit un régime de licence, et vous avez raison. Mais serez-vous libre de fixer la liberté dans des limites assurées et de contenir le flux et le reflux des passions populaires? Vous avez contre vous une idée que vous ne parviendrez pas de sitôt à déraciner de la conscience d'un très-grand nombre de Français : Sous la République, il est permis de tout faire. Vous allez protester contre l'insigne fausseté d'une semblable idée, nous nous unirons à vous pour la qualifier d'extravagante ; mais enfin, elle existe, elle est assez répandue, elle a des racines profondes, elle épouvante parfois l'honnête citoyen qui l'entend murmurer à ses oreilles, elle fait la joie secrète du scélérat qui se cache parce qu'il craint, elle est un piége constamment tendu pour surprendre la droiture de l'homme timide et pauvre. Il faut juger les institutions politiques, non-seulement d'après leur valeur intrinsèque, mais encore d'après les aptitudes, les goûts, les croyances, les souvenirs d'un peuple.

Comment est née cette idée, comment s'est-elle répandue, comment se maintient-elle ? Elle est née de l'expérience des faits et de la logique des principes. Les faits nous montrent 93 succédant à 89, les journées de juin surgissant de 48, le 18 mars s'autorisant du 4 septembre. La logique ne s'étonne nullement de ces pertubations sociales, elle les prévoit ; une nacelle saisie par des courants irrésistibles arrive inévitablement à l'abîme. L'Etat c'est cette nacelle, la République ce courant fatal, la Révolution cet abîme insondable.

Oui, la République, en France, vu l'état actuel des intelligences, conduirait à la Révolution :

1° Parce qu'elle n'a pas de principes politiques arrêtés et qu'elle ne pourrait faire que de la politique de circonstances. Jamais nos francs républicains ne sont parvenus à composer un symbole politique; ils ne nous ont parlé de leurs principes de 89 que pour nous montrer qu'ils savaient s'en débarrasser facilement quand ils étaient au pouvoir : Gambetta brise le suffrage universel; Jules Simon s'attaque à la liberté religieuse en détruisant les écoles dirigées par des congréganistes; Jules Favre fait partie d'un ministère qui entrave l'élan de la presse ;

2° Parce que sa nature est révolutionnaire, attendu qu'elle se régit non d'après les lois du juste et de l'injuste, mais d'après la volonté changeante et souvent contraire des masses.

Aussi le bon sens public est-il plus fort que tous les entraînements et rejette-t-il le régime républicain.

Interrogez les électeurs, ou par le suffrage des chefs de maison, ou par la loi électorale du cens ou même par le suffrage universel, et vous pourrez vous convaincre de la réalité de ce fait.

Les chefs de maison sont opposés à l'idée républicaine dans l'État, parce qu'ils comprennent qu'elle pourrait s'implanter au foyer domestique.

Proclamer ce gouvernement de la multitude, cette autorité de tous et de chacun, ce droit inaliénable du plus ignorant comme du plus intelligent, ce serait proclamer chez eux le gouvernement de leur maison par leurs enfants, reconnaître l'autorité indépendante de leur épouse, fixer le droit égal de tous les membres qui vivent sous le même toit.

Toute erreur politique conduit à une autre erreur. Le règne de la République inclinant vers la Révolution, comme nous l'avons démontré, attaque la famille dans sa base naturelle, l'indissolubilité du mariage, et pousse à son absorption par l'État.

Ceux qui sont actuellement capables de payer l'impôt du cens électoral paraissent s'élever avec force contre la République. Pourquoi ?

La République a détruit les majorats, elle peut s'attaquer à la transmission des biens du père à l'enfant, elle pourrait déclarer la propriété un vol et se nommer elle-même le seul possesseur légitime de la richesse publique (1). La Ré-

(1) « Je crains pour vous et pour le monde, disait, en 1849, M. le prince de Metternich à M. Louis Veuillot; je crains que la République, suivant son train, ne transforme en lois les doctrines communistes, comme elle a transformé en lois les principes révolutionnaires. »

publique pourrait arriver à décréter des lois de ce genre, parce que les masses, mineures de leur nature, peuvent céder sans grande difficulté à des courants opposés, à des passions violentes contre lesquelles il serait impossible de réagir. Que ne peuvent l'aveuglement et la passion ? A quelles extrémités ne peuvent se porter les foules délirantes ?

Si vous faites appel au suffrage universel, vous arriverez à la même conclusion. Les villes pourront vous donner une certaine majorité, les campagnes fixeront le vote.

Pourquoi la maintenir ? Pourquoi préparer par elle le règne d'un dictateur ou le régime sanguinaire d'une Révolution ? La République ne peut vivre sur le sol français ; l'épreuve en est faite.

93 nous a légué le souvenir de ses inepties avant de nous gratifier de ses proscriptions, de ses violences, de ses assassinats. 48 a passé sur la France comme un ouragan ; il devait nous gratifier d'une charte empreinte d'un libéralisme progressiste : communauté des femmes, partage des biens, nivellement de toutes les classes. Thème éternel de nos républicains français ; les naïfs parlent de République, les meneurs ont en vue la Révolution.

Le 4 septembre 1870 et la période qui s'est écoulée depuis cette époque jusqu'au 18 mars resteront à jamais comme le type accompli du républicanisme. Quelle démence ! Quelle audace ! Quelle incurie ! Tout est bouleversé ! Tout est anéanti ! L'ignorance seule prévaut ! La témérité seule est en faveur ! Simon à Paris, Crémieux à Tours, Gambetta à Bordeaux. Quel triumvirat !

La République provisoire tient encore ; pourquoi la maintenir ? Elle est contraire aux instincts du peuple français, à ses traditions, à ses besoins, à sa vie.

A ses instincts :

L'instinct est un sentiment inné, supérieur à tout raisonnement, antérieur à toute réflexion. En matière politique, l'instinct est un guide infaillible ; il tient aux plus intimes profondeurs de l'âme humaine ; rien ne saurait le détruire, parce qu'il doit sa vie à un ensemble de faits qui se sont succédés en laissant après eux une impression favorable ou défavorable. Consulter et suivre l'instinct politique d'un peuple, c'est arriver à trouver pour ce peuple la meilleure forme de gouvernement qui lui convient.

Eh bien ! l'instinct qui vit dans tout cœur français, c'est l'instinct de la défiance vis-à-vis de la République, défiance absolue qu'aucun fait ne pourra détruire, qu'aucun triomphe ne pourra renverser, qui restera éternellement la même, toujours entière, toujours vivace.

« Oui, j'ai pu me demander un jour si un gouvernement analogue à celui des États-Unis, disait en 1851 l'illustre Berryer, serait praticable en France. En y réfléchissant, je l'ai reconnu impossible. Il n'y a pas d'esprit qui de bonne foi, sans passion, ayant des convictions, des affections, des respects, des attachements, mais enfin s'élevant au-dessus de ses attachements personnels, il n'y a pas d'esprit qui n'arrive à cette conclusion : La République est antipathique à l'existence, aux instincts, aux mœurs d'une vieille société de trente-cinq millions d'hommes pressés sur un même territoire. »

(Corps législatif, 16 juillet 1851.)

A ses traditions :

Est-ce que la France a vécu des bienfaits de la République ? Est-ce que ses gloires les plus pures lui ont été léguées par la République ? Où était cette divinité d'origine moderne, quand Clovis écrasait les Allemands à Tolbiac, les Visigoths à Vouillé ; quand Charlemagne établissait son empire sur vingt peuples soumis, nous dotait de ses immortels capitulaires, fondait ses écoles, ses académies, et donnait à la France une grandeur enviée des peuples mêmes de l'extrême Orient.

Qui la connaissait cette République trois fois déjà fatale à la France, lorsque nos frontières s'agrandissaient de toutes les possessions des seigneurs féodaux, lorsque la vie civile s'établissait dans les communes, lorsque l'influence élargissait ses flancs pour enlacer le monde et que la civilisation était portée sur toutes les plages connues par nos marchands, nos missionnaires, nos guerriers ?

La République ! sciences, arts, poésie, littérature, commerce, industrie, richesses, prospérité, gloire, grandeur, génie, tout a fleuri sans elle et avant elle. Sans elle et avant elle, la France a connu l'apogée de sa gloire, a possédé ses Descartes, ses Pascal, ses Labruyère, ses Bossuet, ses Corneille, ses Racine, ses Molière, ses Montesquieu ; a vu naître, vivre et s'illustrer nos Duguesclin, nos Bayard, nos Condé, nos Turenne, nos Luxembourg, nos Catinat, nos Vauban, nos Sully, nos Richelieu.

A ses besoins :

Tant que la République existera, disent les hommes du commerce et de l'industrie, jamais les affaires ne marcheront.

A sa vie :

La République reconnait et patronne :

1° La souveraineté absolue du peuple ;

2° La liberté illimitée de la presse ;

3° La liberté absolue des réunions ;

4° La liberté absolue des cultes ;

5° L'abolition de la peine de mort ;

6° Les aspirations nationales, comme moyen légitime de conquête ;

7° Le principe des grandes nationalités ;

8° Le principe de non-intervention ;

9° Le principe des annexions.

Or, avec de telles maximes, la France ne saurait vivre. Le peuple, armé de sa souveraineté comme d'une massue, écrasera, aux jours de ses démences et de ses fureurs, les téméraires qui lui auront confié une arme aussi terrible. La presse, au service d'écrivains sans valeur, sans aveu, sans dignité, sans pudeur, jettera sur les consciences la boue qui roule dans ses colonnes; le roman restera obscène, le théâtre ordurier, la critique stupide, la littérature fangeuse, l'histoire mensongère, la philosophie nuageuse, la politique machiavélique.

La liberté des réunions nous montrera le tableau de la débauche humaine portée à son plus haut point; le mal sera dit, hurlé, vanté, acclamé ; la débauche de la parole ne sera surpassée que par la débauche des actes , et ces ignobles doctrines , qui n'auraient même jamais dû se produire au sein des ténèbres, seront discutées au grand jour, en pleine lumière, sous le regard des foules avinées , par des discoureurs de taverne et des palefreniers de carrefours !

La logique du mal conduira ces démagogues à proclamer la liberté la plus absolue des cultes, que dis-je? l'abolition de toute religion. Dieu sera chassé du monde ; les républicains à trempe douce ne verront dans ces faits que l'exagération d'un sentiment honnête et n'oseront blâmer leurs frères de l'avant-garde de la démocratie; le torrent suivra son cours, les digues les plus fortes seront impuissantes à l'arrêter; la civilisation aura vécu.

Puis, au-dessus de la tête de ces monstres pour qui le crime est un délassement , planera cette loi protectrice : La peine de mort est abolie. Allons, MM. Picard, Favre, Simon, vous êtes au pouvoir ; l'heure est venue de renverser l'échafaud, au nom de la dignité humaine! Étrange fatalité! Ces mêmes républicains qui n'ont eu que des anathèmes contre cette loi vont être forcés de l'appliquer dans toute sa rigueur, pour purger l'humanité des sauvages qui ont fait de Paris une immense ruine.

Alors reparaîtront ces belles et savantes maximes politiques du dernier empire, filles légitimes de nos républicains honnêtes gens. Les aspirations nationales auront libre carrière et provoqueront une poussée générale des peuples contre les peuples. L'Italien *aspire* à la possession de Rome; c'est bien, c'est parfait, c'est juste. L'Allemand, le brutal Allemand a suivi le cours de ses aspirations et nous a ravi deux provinces en invoquant le besoin de se délimiter.

Les grandes nationalités sont en heureuse voie de formation. L'Italie a terminé son œuvre en fait; la Prusse vient de faire une rectification, elle a fait glisser le compas de son ambition en prenant pour centre le centre même de l'Allemagne, et elle ne sera satisfaite que le jour où sa circonférence sera tracée et ses rayons égaux.

A bientôt la Russie, elle se prépare sans trouble et sans pudeur; elle vient de le déclarer au monde, la superbe Angleterre a trouvé la déclaration légitime !!!

Républicains, honnêtes gens, applaudissez, vos désirs sont satisfaits. Voltaire, reviens féliciter Frédéric le victorieux; Guéroult, continue à encenser la Prusse de Sadowa; Favre, fais-nous entendre tes louangeuses paroles à l'adresse de l'Italie, ta bien-aimée, ta protectrice!

Le principe de non-intervention était la conséquence forcée des grandes nationalités. Laissez égorger le faible, criaient nos républicains parlementaires, laissez le Napolitain expirer sous la botte du valeureux Garibaldi, permettez au glorieux Victor-Emmanuel, au noble rejeton de la maison de Savoie, de prendre possession du Capitole. Vous, France, vous ne devez pas intervenir; soyez à vos affaires, laissez grandir ce peuple, et, au jour de vos luttes, vous trouverez en lui votre plus fidèle allié.

M. Thiers avait beau s'élever contre une théorie si étrange. « Alliez-vous avec l'Autriche, leur disait-il, à tous, en 1865. » — « Non, criait Napoléon, non, criaient les républicains, non, la France ne doit pas intervenir dans les affaires de l'Allemagne. » — « Soutenez le pouvoir temporel, répétait le même politique. » — « Gardez-vous bien d'intervenir, disaient les Favre, les Picard, les Simon, la France ne doit point s'opposer aux conceptions grandioses des nations ses voisines. »

Et l'Autriche s'humiliait devant la Prusse, et l'Italie violait ses engagements, et, au jour des grands et suprêmes combats, nous nous trouvions sans alliés, et aujourd'hui nos désastres sont sans exemple dans l'histoire du monde, et les républicains sont forcés d'avouer que leurs doctrines ont semé dans l'Europe des germes de révolte et de discordes perpétuelles.

Le dernier discours de M. Thiers, chef du pouvoir exécutif de la République française (séance du 8 juin 1871), vient de porter un coup mortel au régime actuel.

Messieurs, n'attaquons pas la République en ce moment, « pour ne pas fournir aux » passions réduites à l'impuissance aucune » cause réelle ou apparente d'émotions nou- » velles. »

Seuls les hommes à passions réduites à l'impuissance, les scélérats, en un mot, sont capables de se soulever à l'idée d'un changement dans la forme gouvernementale.

« Messieurs, vous vous êtes réservés l'avenir » et vous aviez raison. » Vous ne pouviez, vous ne deviez accepter la République comme régime définitif ; tout s'y opposait.

Messieurs, je suis le chef du pouvoir exécutif de la République française, mais il y a un vœu que j'ai émis depuis quarante et que je vous engage à réaliser : Établissez en France « la mo- » narchie constitutionnelle de l'Angleterre, » abolissez la République, mais, de grâce, procédez avec beaucoup de prudence, attendez encore quelques semaines pour doter la France d'un gouvernement qui peut seul lui convenir.

Le coup de massue devait tomber sur cette infortunée République! Gardez encore, messieurs, pendant quelque temps la République, pour convaincre, par une dernière épreuve, ses admirateurs fidèles qu'elle ne peut s'acclimater en France ; vous pourrez leur dire : « L'épreuve en » est faite, la République est impossible, » C'est vrai. « — j'en demande pardon à ceux qui m'écoutent, — dans les mains des républicains. »

Ce n'est pas une épigramme ! M. Thiers nous l'affirme !

III

L'empire

Un mot suffit pour rendre les sentiments que doit éprouver tout cœur français au souvenir de Napoléon III : dégoût.

Quand parut cet homme, soutenu par la gloire de son oncle, la France gémissait sous les coups de l'anarchie et réclamait un libérateur. Napoléon se présenta ; il fut accepté, à cause de son nom, par les masses fatiguées du joug républicain. Son audace lui valut l'empire. Il régna ! Jamais prince ne trouva un peuple plus docile ; tous les ordres, toutes les castes, toutes les classes, clergé, noblesse, bourgeoisie, ouvriers, cultivateurs, tout obéit. Il fut libre de disposer à son gré de nos fortunes, de nos dévouements, de nos élans généreux, de nos vies. Il eût pu gouverner en monarque libéral et pacifique ; le sang des Bonaparte coulait dans ses veines : il fut maître absolu ; il avait proclamé la paix : il nous voua, pendant vingt ans, à d'interminables guerres.

Remontons le cours de son règne pour l'étudier.

Quelle a été sa politique ?

Nous pouvons dire qu'à force de vanité et d'incurie, il a fini par devenir le jouet de tous les diplomates de l'Europe. — « Votre empe-
» reur, c'est le flux et le reflux, disait un jour
» devant nous un Américain ; il se lance en avant
» avec beaucoup d'efforts pour revenir à son
» point de départ sans aucun profit. » — Politique de va-et-vient, d'incertitude, de tergiversations, politique déloyale, politique de circonstance, politique de l'heure présente.

« Encore une année de gagnée, se disait Na-
» poléon, essayons d'en passer une autre, plus
» tard nous aviserons. La Révolution nous me-
» nace en ce moment? Faisons quelques con-
» cessions. Les cléricaux nous importunent ? —
» Messieurs, jamais le Piémont ne s'emparera
» de Rome. — Le libéralisme nous poursuit?
» Modifions la constitution. Tout va bien. »

Napoléon fut constamment joué dans ses rêves et tourné dans ses desseins.

Il a fait la guerre et de longues guerres, après avoir pompeusement proclamé : L'empire, c'est la paix.

Quel profit réel avons-nous retiré de notre

expédition de Crimée ? Nous y avons acquis une véritable gloire, mais au prix du sang de 150,000 hommes et de 2 milliards. Aujourd'hui, tout est à recommencer ; le Moscovite couvre déjà de ses flottes nombreuses les eaux de la mer Noire. Oh ! les mânes des guerriers tombés sous les murs de Sébastopol vont se lever pour épouvanter les barbares prêts à se jeter sur l'Orient !

La campagne d'Italie a commencé la série de nos désastres. Napoléon, cédant à l'influence des sociétés secrètes, s'allie à l'Italie, marche contre l'Autriche, lui enlève la Lombardie et affaiblit la seule puissance capable de nous tendre la main au moment du péril. Victorieux, il se contente de lauriers ; 80,000 hommes restent sur les champs de bataille, et nos finances sont grevées d'un nouvel impôt de 400 millions.

L'Italie, heureuse de trouver des dispositions si bienveillantes chez un puissant voisin, envahit les États de l'Église. Napoléon a joué dans cette affaire un rôle infâme ; le mot est dur, il est juste.

« L'empereur a écrit de Marseille au roi de » Sardaigne que si les troupes piémontaises pé- » nètrent sur le territoire pontifical, il sera forcé » de s'y opposer. Des ordres sont déjà donnés

» pour embarquer des troupes à Toulon et ces
» renforts doivent arriver sans retard. Le gou-
» vernement de l'empereur ne tolérera pas la
» coupable agression du gouvernement sarde. »
Ainsi écrivait M. le duc de Grammont, ambassa-
deur à Rome, à M. de Courcy, consul de France
à Ancône.

Quand un employé du consulat présenta cette
dépêche aux deux généraux qui activaient le
bombardement de Pesaro (car déjà *les troupes
piémontaises avaient pénétré sur le territoire
pontifical* et Napoléon n'avait pas tenu sa parole) : — « C'est très-bien, lui répondit ironi-
quement Cialdini, nous allons vous donner un
reçu, qui sera bon à joindre aux autres pièces
diplomatiques. » — Et comme l'employé du
consulat demandait vivement, au nom de la
France, la cessation du feu : « De grâce, monsieur,
n'insistez pas, nous savons à quoi nous en tenir. Nous avons vu, il y a quinze jours, l'empereur à Chambéry (1). »

Le Mexique nous ouvre ses vastes plaines,
nous sourit avec son ciel bienveillant, accueille

(1) Voir cette longue et mystérieuse affaire dans
l'ouvrage de M. le comte de Quatrebarbes : *Souvenirs
d'Ancône, siége de* 1860, pages 114 et suivantes. Il y
a là des détails du plus haut intérêt.

nos soldats comme des libérateurs, salue notre
étendard comme le symbole de la liberté, s'in-
cline devant notre glorieux Bazaine, et M. Rouher, pour couronner ces triomphes, nous déclare que « pas une faute n'a été commise. »
Bientôt notre armée bat en retraite, les États-
Unis nous somment d'avoir à évacuer le territoire mexicain ; le protégé de Napoléon, l'infortuné Maximilien d'Autriche, est fusillé.

M. Billault avait dit de ce malheureux prince :
« Dieu le conduira. » M. Rouher disait : « Dieu
ne l'a pas voulu. » Nous perdons nos conquêtes,
notre influence s'amoindrit dans le Nouveau-
Monde, nous laissons 80,000 hommes sur ce
sol inhospitalier, et jamais personne ne pourra
compter les millions que nous a coûtés cette expédition. Les conseils des sages avaient été impuis-
sants à contenir l'ardeur guerrière de Napoléon :
il paraissait en avoir encore à cette époque !

Quand on a l'honneur d'être à la tête d'une
puissante nation, on doit savoir ce qui se passe
dans les cours étrangères, deviner les complica-
tions politiques qui peuvent surgir de tel ou tel
événement, et tellement bien étudier la marche
des affaires générales que rien ne puisse venir
surprendre.

L'Allemagne se divise, l'Autriche et la Prusse

vont entrer en lice. Que devait faire Napoléon? Il devait se tenir prêt à entrer en campagne au premier signal d'une éventualité préjudiciable à notre influence. Il devait dire à l'Italie : Je veux que vous restiez neutre. Il devait dire à la Prusse : Je veux un arrangement pacifique ou je m'unis à l'Autriche. Il ne fait rien, il se réjouit de la lutte qui va s'engager, il désire le triomphe de la Prusse.

Le 3 mai 1866, quinze jours avant la guerre, M. Thiers disait à la tribune française : « Le » ministre prussien voit l'Italie entrer dans ses » projets, se lier à lui, accepter de faire cam- » pagne commune. Eh bien! consultez le simple » bon sens; est-ce que le ministre de Prusse » peut croire que l'Italie agit sans votre consen- » tement?... Consultez l'Europe entière, et tout » entière elle vous dira qu'elle ne peut pas croire » que l'Italie agit sans votre consentement. » *Est-ce donc bien étonnant que M. de Bismark* » *compte, dans certaines éventualités, sur la* » *France, quand il voit l'Italie s'unir à lui?...* »

Le prince Napoléon, dans un dîner chez M. de Girardin, trahissait ouvertement la pensée du gouvernement français (1).

(1) *Journal de Bruxelles*, correspondance parisienne, 5 juillet 1866.

« ... On a fait trop d'hésitation et de pru-
» dence jusqu'ici : on aurait dû s'allier franche-
» ment à la Prusse et à l'Italie depuis un an ;
» l'heure est venue où le drapeau de la Révo-
» lution et celui de l'empire doit être large-
» ment déployé.

» Quel est le programme de cette Révolution?
» C'est d'abord la lutte engagée contre le catho-
» licisme, lutte qu'il faut poursuivre et clore ;
» c'est la constitution des grandes unités natio-
» nales, sur les débris des États factices et des
» traités qui ont fondé les États ; c'est la démo-
» cratie triomphante, ayant pour fondement le
» suffrage universel, mais qui a besoin, pendant
» un siècle, d'être dirigée par les fortes mains
» des Césars ; c'est la France impériale au som-
» met de cette situation européenne ; c'est la
» guerre, une longue guerre, comme condition
» et instrument de cette politique.

» Voilà le programme et le drapeau. Or, le
» premier obstable à vaincre, c'est l'Autriche...
» Il faut donc l'abattre et l'écraser ; l'œuvre a
» été commencée en 1859 ; elle doit être ache-
» vée aujourd'hui.

» La France impériale doit rester l'ennemie de
» l'Autriche, elle doit être l'amie et le soutien
» de la Prusse, la patrie du grand Luther; elle

» doit soutenir l'Italie, qui est le centre actuel
» de la Révolution dans le monde, en attendant
» que la France le devienne. Nous devons être
» les alliés de la Prusse et de l'Italie et nos
» armées seront engagées dans la lutte avant
» deux mois... »

L'Autriche fut battue, la Prusse s'empara de
l'Allemagne, et Napoléon, par l'organe de M. de
La Valette, se déclara l'ami de celle qui, quatre
ans plus tard, devait amener sa chute.

Napoléon a donc trahi les intérêts de la
France, détruit l'équilibre européen et servi la
cause du colosse prussien, notre irréconci-
liable ennemi.

Pendant vingt ans, ce despote a montré au
monde le scandale d'une administration perverse
et corruptrice. Que dire de l'arbitraire de sa politique ? Que dire de ses scandaleuses dilapida-
tions ?

Pour soutenir la politique de l'empire, M. Clément Duvernois avait fondé le journal le *Peuple
français,* sur lequel il perdait un million par an.
Qui payait ce million ? Les contribuables (1).

A propos du projet relatif au Trocadéro et

(1) On lit dans l'*Union* : *L'Internationale* livre à
une arithmétique féroce le journal de M. Clément

au Luxembourg , M. Pouyer - Quertier disait :

« Toutes les fois que nous agitons une question
» d'argent, il nous est impossible d'obtenir des
» comptes exacts établissant la situation nette
» des parties engagées. Ici encore il y a des incer-
» titudes.... Je voudrais savoir à quelle somme
» s'est élevée la dépense des travaux du Tro-
» cadéro. Nous n'en savons pas le montant,
» nous n'avons pas de comptes. La ville dit
» qu'ils ont coûté 19 millions, je l'en croirais
» tout autant si elle disait 25 ou 15. Elle a l'ha-

Duvernois. Selon lui, le *Peuple français* tire à 45,000
exemplaires et a les frais suivants :

Timbre, à 5 c. par exemplaire.	2,250 fr.
Papier	1,350 —
Composition et tirage.........	700 —
Rédaction et administration...	600 —
Loyer........................	20 —
TOTAL PAR JOUR.........	4,920 fr.

Or, le *Peuple français* se vendant un sou et faisant 1 c. 1/2 de remise aux marchands, 45,000 exemplaires à 3 c. 1/2 font 1,575 fr., lesquels retirés de
5,270 fr., reste 3,695 fr.

Multipliez par 365 et vous aurez une perte annuelle
de 1,423,550 fr.

» bitude de ne rien justifier. Mais elle nous de-
» mande aujourd'hui une subvention pour des
» travaux que le gouvernement lui a prescrits
» sans loi, il est vrai, mais qu'il lui a prescrits,
» et dont les devis ont été grandement dépassés;
» moi, je demande des comptes, des comptes,
» des comptes.

» Qui nous dit qu'il n'y a pas là dessous quel-
» que virement comme nous en avons déjà
» tant vus? Nous ne pouvons pas cependant en-
» gager les deniers des contribuables sans avoir
» au moins la justification, la certitude que les
» 19 millions ont été dépensés.... »

(Séance du corps législatif, 12 mars 1869.)

Que dire de l'impudeur de ses ressources pour
arriver à tromper le suffrage universel ?

« Quel est le meilleur préfet ? Ce n'est pas
» celui qui administre le mieux, c'est celui qui
» fait voter avec le plus d'entrain. »

(M. Emile Ollivier, fragment de discours,
corps législatif, 2 avril 1869.)

M. Thiers disait à la même époque :

« Nous en sommes arrivés à ce point que,
» pendant la période électorale, on empêche les
» réunions privées ou publiques. On les em-
» pêche d'une manière absolue pendant les der-
» niers jours, qui sont les plus nécessaires, les

» plus accessibles aux surprises, aux fausses
» nouvelles, aux grandes calomnies. »

Le règne de Napoléon, cependant, n'a pas été
sans gloire.

Il a reconstruit Paris sur un plan nouveau,
d'après les idées fournies par M. Haussmann, en
rasant bon nombre d'hôtels d'une véritable
valeur architecturale et en dotant les finances de
la ville d'un passif digne de cette grande capi-
tale.

Le rapport de 1868 constate qu'à cette époque,
la ville de Paris avait déjà dépensé, pour ses
folles constructions, 1,865 millions.

La ville devait, à la même date, 465 millions
au crédit foncier, ce qui faisait dire à M. Thiers :

« Jamais on n'avait osé, devant une chambre
» qui seule a le droit de voter l'impôt, jamais on
» n'avait osé, par voie détournée, emprunter
» 465 millions. »

(Séance du 2 mars 1869.)

M. Picard ajoutait, à propos du même sujet :

« ... En un mot, la ville a reçu 465 millions,
» *où est cet argent?* »

(Séance du 22 février 1869.)

M. Pouyer-Quertier n'était pas moins pres-
sant :

« Il ne faut pas qu'après l'effort que nous

» faisons aujourd'hui, *en payant* 465 *millions*
» *illégalement dépensés*, on puisse venir nous
» en demander un second du même genre. »

(Séance du 2 mai 1869.)

Napoléon a détruit la société de saint Vincent de Paul, parce qu'elle menaçait l'ordre social, et il a favorisé les sociétés secrètes comme pouvant seules faire le bonheur du monde et soutenir sa dynastie.

Il a nommé sénateur l'athée Sainte-Beuve, « son ami de cœur, » l'homme « qui avait même » éloigné de sa tombe les solennités et les prières » de la religion, et qui, parvenu au terme, » voulut marquer son départ par une suprême » témérité. » (Eloge funèbre par M. Rouher, sénat, 3 décembre 1869.)

Il a choisi pour ministre de l'instruction publique l'infatigable M. Duruy, qui n'avait pas rougi d'écrire cette atroce pensée, dans un livre classique :

« Le singe est la première souche de l'espèce » humaine. »

(Introduction à l'*Histoire de France* par M. Duruy, page 35.)

Il a doté la chaire d'hébreux du fameux Renan, l'apostat, l'homme du scandale et de la honte, l'écrivain sans valeur comme sans conviction.

Il a fait l'histoire de César..., on dit qu'il a eu plusieurs collaborateurs, beaucoup de collaborateurs, un très-grand nombre de collaborateurs ; à lui la gloire, *tibi laus, Auguste ! ! !*

Il a choisi pour ministre M. Ollivier...

Un trait peint cet homme. A l'occasion du plébiscite de 1870, M. le marquis d'Andelarre s'était rendu chez M. Émile Ollivier pour le prier de modifier la formule du plébiscite. M. Émile Ollivier avait répondu que c'était impossible, puis il ajouta : Quelque temps avant les événements de 1866, M. de Bismark, entrant dans la chambre des députés de Berlin, après un séjour dans le midi de la France, s'approcha d'un des chefs de l'opposition et lui dit :

« Voici un petit rameau d'olivier que je rapporte de mon voyage. Je vous l'offre en signe d'amitié et de paix. Unissez-vous à moi. »

Le membre de l'opposition refusa. A quoi M. de Bismark répondit : « Je voulais faire la patrie grande avec vous, je la ferai grande sans vous. »

Et moi aussi, mon cher collègue, poursuivit M. Ollivier, je vous ai offert l'amitié et la paix. Vos amis la refusent, soit. *Je voulais faire la liberté avec eux, je la ferai sans eux.*

Il l'a faite belle, la liberté ! ! !

Certains louangeurs de l'ordre des Granier de Cassagnac fatiguent le public d'un bienfait rendu par Napoléon à la France : Il a fait, disent-ils, pendant vingt ans le bonheur de la nation, en la maintenant dans une prospérité sans précédent dans l'histoire.

Que sert d'enrichir un homme, pour le ruiner d'un seul coup? Pouvez-vous louer la conduite de ce capitaine qui, sur le point de toucher le rivage, laisse sombrer par sa faute le vaisseau qu'il ramenait chargé d'une riche cargaison? Vous prétendez que, pendant son règne, Napoléon III a enrichi la France, soit ; mais il l'a ruinée d'un seul coup.

Il ne suffit pas de jeter l'or dans les caisses des individus, il faut l'y laisser.

D'ailleurs, cette prospérité peut être contestée. L'agriculture a passé par des crises dont elle se relèvera difficilement, par la faute des impositions qui pesaient sur elle, et par suite de cette politique insensée qui attirait, dans les grands centres, les populations rurales pour les initier à une vie de plaisirs factices et de jouissances artificielles.

Les industries de toute nature ont été réduites à la dernière extrémité. « Le traité de commerce » nous a été fatal, disait M. Desseaux à la tri-

» bune française en 1869. Les petites industries
» ont succombé les premières, les grandes ont
» lutté tant qu'elles ont pu, et vous avez entendu
» les cris de détresse qui nous sont arrivés de
» 47 départements... »

(5 mars, séance du Corps législatif.)

M. Prax-Pâris rapportait dans la même séance les paroles d'un industriel : « Il faut que
» dans le Nord comme dans l'Alsace et la Nor-
» mandie, l'industrie se lève et qu'elle crie :
» Assez de patience, assez de souffrance !... »

Notre marine marchande était dans la détresse. « Sur le littoral français, dit M. le comte de
» Champagny, au nord comme au midi et à
» l'ouest, tous les ports s'accordent à signaler
» le mal. Et comment en serait-il autrement,
» quand il s'agit d'une industrie qui non-seule-
» ment n'est pas protégée, mais pour ainsi dire
» mise en dehors du droit commun et livrée sans
» défense à la concurrence étrangère? »

(Séance du 4 février 1870.)

La loi de 1866 a frappé de mort nos constructions navales. « Cette loi, dit le même orateur,
» a tari une des sources fécondes du travail natio-
» nal, elle a amené la désertion et le chômage
» dans les ateliers, et, comme si ce n'était pas
» assez, elle a autorisé la construction dans les

» pays étrangers de navires qui sont déclarés
» français. Le port de Marseille déclare que si le
» mal n'est pas arrêté, notre marine marchande
» descendra du troisième rang au cinquième
» rang. »

M. Jules Simon, qui était cependant partisan du traité de commerce, a fait le même aveu : « Les » constructeurs de navires sont dans la détresse, » la marine marchande est en souffrance, la » forge au bois souffre, la filature et le tissage » du coton ont subi de grandes pertes, la laine » et la soie souffrent également. »

(Séance du Corps législatif, 20 janvier 1870.)

Que vient-on encore nous parler de prospérité, de richesse, de grandeur? Il ne suffit pas de lancer au milieu des masses des mots à puissant effet, il faut les étayer par des raisonnements indiscutables et par des preuves de bon aloi. La prospérité que Bonaparte a procurée à la France, c'est une prospérité d'agitation : c'est une marche en avant sans souci de l'avenir, sans calcul de l'actif et du passif, sans regard rétrospectif sur le passé et sur les dangers d'affaires aventureuses. L'État empruntait, dépensait; empruntait encore, dépensait toujours ; la liquidation ne pouvait qu'être désastreuse. Les villes, les départements, les conseils municipaux, les

particuliers descendaient cette pente ; l'essen-
tiel pour tous était de vivre, de faire quelque
chose, de démolir pour reconstruire, d'agrandir
les places publiques, de percer de nouvelles
voies de communication ; on s'inquiétait peu de
la manière de se dégrever de charges accablantes,
on comptait sur l'avenir. Mais l'avenir marche,
et il marche d'autant plus vite qu'on paraît
moins le redouter ; les termes arrivent, la ban-
queroute se montre, hideuse, inévitable, écra-
sante, et ce sont toujours les peuples qui subis-
sent la dure nécessité de solder les folles dé-
penses de nos gouvernants.

Nous avons dit que cette prospérité était une
prospérité d'agitation ; il ne pouvait en être autrement avec les principes qui dominent à l'heure
présente et avec nos puissants et rapides moyens
de locomotion. Nos voies ferrées unissent villes
à villes, provinces à provinces, royaumes à
royaumes ; nos télégraphes ne font plus qu'un
seul continent de tous les mondes. La vie com-
merciale, mercantile, industrielle, circule donc
presque fatalement ; et prétendre que l'empire a
été la cause de ce mouvement universel, c'est
ravir à la science une de ses plus belles, de ses
plus nobles, de ses plus légitimes conquêtes.
Sous tous les gouvernements, cette activité im-

mense se serait produite, et quand le calme va s'être fait sur notre France si cruellement meurtrie, quand chacun va pouvoir reprendre la suite de ses affaires, après avoir fait le bilan de ses pertes comme de ses espérances, nous verrons le commerce français reprendre, sans les Bonaparte, un essor d'autant plus rapide et plus sûr qu'il aura profité des dures leçons de l'adversité.

Enfin, que nous a légué cet homme qu'une infime minorité, dépourvue du plus vulgaire patriotisme, voudrait nous ramener?

Il nous a légué 15 milliards de dettes.

Il nous a légué le deuil le plus universel qui se puisse concevoir. Que de mères gémissent sur la mort ou sur la mutilation de leurs pauvres enfants !

Il nous a légué la dévastation de trente départements foulés aux pieds, pendant six mois, par des multitudes innombrables et barbares.

Il nous a légué, que dis-je! il a été la cause immédiate, directe, de la perte de nos provinces du Rhin et de nos forteresses réputées inexpugnables. Quel testament !

Il nous a légué la guerre civile et la démoralisation presque universelle du peuple français, en pactisant avec l'esprit révolutionnaire, en tolérant la diffusion de doctrines socialistes, en faisant prévaloir dans l'Europe entière cet esprit machiavélique qui se rend par un mot : Mauvaise foi. Quel testament !

Il a trahi la cause de la France et laissé s'obscurcir cette gloire dont nous étions si légitimement fiers : Notre gloire militaire. Après avoir vécu, lui et les siens, du fruit de nos sueurs, et avoir fait verser des torrents du sang de nos frères, il n'a pas su trouver dans son âme, à l'heure d'un suprême désespoir, cet élan qui sauve de la honte et qui lave bien des souillures, il n'a pas su mourir ; il n'a su qu'une chose : arrêter la fureur bouillante et la rage sublime de 80,000 guerriers qui pouvaient sauver la France.

Les partisans du régime déchu caressent une idée : Donner l'empire au fils de Napoléon Bonaparte.

L'idée ne soutient pas la discussion.

Qui gouvernerait? Les hommes qui furent les inspirateurs, les conseillers, les flatteurs de l'empire. Nous aurions changé d'idole, sans changer de divinité ; au lieu d'un masque flétri, nous aurions un masque rajeuni. Les mêmes errements se produiraient, la même incurie présiderait à la marche des affaires, la même fièvre saisirait les membres du corps social, et au bout de cinq ans, dix ans au plus, nous ressentirions les secousses d'une nouvelle invasion. Napoléon Ier a eu son Waterloo suivi de l'invasion ; Napoléon II, qui l'a connu? Napoléon III nous a légué la gloire de Sedan et doté d'une nouvelle invasion.

Et, sous le coup de semblables souvenirs, de pareilles catastrophes, la France acclamerait un Napoléon IV pour qu'il eût son..... accompagné d'une troisième invasion !

IV

La monarchie héréditaire
Henri V

Les législateurs, dans leurs études politiques, se sont posés cette question : Quelle est en général la meilleure forme de gouvernement? et tous, faisant abstraction des besoins particuliers des peuples, se sont prononcés pour la monarchie héréditaire.

La principale raison qu'ils fournissent pour prouver cette assertion, c'est que la monarchie héréditaire se rapproche, plus que n'importe quelle autre forme, de la nature elle-même, et qu'elle n'est qu'un développement de la famille, type accompli de la société. Au foyer domestique, le père est chef naturel ; quand il meurt, l'enfant hérite de ses droits, sans trouble ni secousses. Ainsi doit-il en être dans la société, aggrégation plus ou moins considérable d'un certain nombre de familles réunies pour s'entr'aider mutuellement et vivre d'une vie commune.

« La loi commune de tous les êtres, dit M. de Valmy *(De la force du droit et du droit de la force.)*, c'est l'hérédité. « L'homme naît de
» l'homme, la vie hérite de la vie ; il n'y a pas
» de solution, de continuité entre les générations
» humaines depuis l'origine du monde ; ces gé-
» nérations sont les anneaux d'une chaîne qui
» ne se brise jamais ; elles se transmettent indé-
» finiment leur intelligence acquise, leurs no-
» tions des choses, leurs lois et leurs idées :
» *Vitæ sibi lampada tradunt.* Tous les trésors
» de la civilisation, que sont-ils ? Un héritage !
» L'imprimerie ? Un héritage ! La boussole ? Un
» héritage ! La vapeur, que sera-t-elle demain ?
» Un héritage pour la génération qui nous suit ?
» Oui, l'hérédité est la loi la plus universelle et
» la plus féconde pour l'humanité, et c'est
» l'heureuse affinité du principe héréditaire po-
» litique, avec la loi de l'hérédité naturelle, qui
» assurent à la monarchie les avantages que l'ex-
» périence a reconnus. »

De ce principe découlent des conséquences qui prouvent jusqu'à l'évidence la haute portée de la monarchie héréditaire. Le changement toujours funeste aux sociétés ne se produit jamais dans la forme du gouvernement, il se produit rarement dans les institutions.

Ce qui mine sourdement un peuple, en le détournant du soin de ses affaires privées, en le lançant dans le champ inexploré des conceptions politiques, c'est le changement qui se produit forcément dans la forme gouvernementale, quand l'hérédité n'existe pas.

Quelquefois ce peuple, cruellement éprouvé par de terribles calamités, sent le besoin de s'occuper avant tout de son existence, sérieusement compromise, de chercher à cicatriser des plaies encore saignantes ; mais une question qui se pose d'elle-même l'arrête de prime abord : Il nous faut un chef ; à plus tard les affaires ; à plus tard le pansement de nos blessures. De là naissaient des divisions sérieuses quand l'union serait si nécessaire, des animosités terribles quand l'entente devrait régner partout, des discordes sans fin quand l'accord seul peut sauver. Les partis se forment, mesurent leurs forces ; se lancent dans des luttes téméraires, travaillent l'opinion, soulèvent des émotions immenses, courent aux armes, au grand préjudice de la nation entière.

Quand l'hérédité existe, elle enlève toute hésitation, arrête les dissentiments, détruit les partis. Le roi est mort! Vive le roi! Voilà toute l'agitation. Quel bienfait!

N'est-ce donc rien pour un peuple que de se savoir affranchi d'une émeute inévitable, que d'être sûr de son lendemain, que d'être préservé des désastres d'une guerre civile, que de vivre en paix ?

La Révolution, en détruisant en France le principe de l'hérédité, a porté un coup mortel à ce noble pays, nous a lancé dans des fondrières inexplorées, a semé parmi nous un germe mortel qui fermente clandestinement dans l'ombre, pour se produire au grand jour à chaque changement de prince.

L'hérédité, en outre, est l'ennemie naturelle du perpétuel changement des institutions politiques.

Comment un peuple peut-il être heureux et tranquille, quand rien n'est stable, quand les lois changent à chaque session législative, quand les magistrats se voient forcés d'appliquer un principe qu'hier ils condamnaient, quand les individus sont dans l'impossibilité de découvrir quels sont les règlements encore en vigueur, quels sont ceux qui sont tombés en désuétude?

Ce qui donne à une nation une puissance bien assise et soutient son activité native, c'est la stabilité dans les institutions, c'est le progrès lent et réfléchi dans les innovations à introduire. Avant de rejeter des lois et d'en édicter de nouvelles, il importe de faire observer celles qui existent et d'arriver à tirer le plus de bénéfice possible de celles qui sont reconnues légitimes et bonnes : ce n'est pas la multitude des lois qui fait la prospérité des empires, c'est la rigoureuse observation de celles qui sont nécessaires.

Or, la Révolution, — et sous ce rapport l'empire des Bonaparte a été révolutionnaire, — a une tendance très-prononcée à changer les institutions; elle y trouve son bonheur, sa vie; comme elle est profondément vicieuse, et qu'elle a perdu les lueurs du bon sens ainsi que les notions élémentaires de la justice, elle se fatigue promptement des ressorts qu'elle fait jouer, elle use rapidement les rouages qu'elle met en mouvement; il lui faut bientôt, et à courts délais, des moyens d'action plus actifs, plus entraînants, des expédients plus irrésistibles et plus violents; elle ressemble aux enfants qui ne trouvent de satisfaction que dans le changement de leurs joujoux.

Depuis vingt-cinq ans, la Révolution était maîtresse absolue sous ce rapport.

« En consultant le *Bulletin des lois*, j'ai
» constaté, disait M. le baron Dupin, que les
» lois et les ordonnances promulguées dans une
» période de quatre années, à partir de 1848,
» formaient huit volumes ; les lois et les ordon-
» nances promulguées depuis l'avénement du
» gouvernement impérial, c'est-à-dire de 1852
» à 1869, forment l'énorme total de 35 volumes,
» et le premier de ces volumes compte 1,732
» pages. »

(Sénat, 4 septembre 1869.)

C'est le chaos !

La monarchie héréditaire conjure ces mal-
heurs ; elle a intérêt à ne pas changer, d'année
en année, les lois qu'elle a promulguées, parce
qu'elle a intérêt à ne pas mettre son existence
en péril et à ne pas compromettre sa propre
réputation, en encourant le reproche mérité de
législateur inexpérimenté.

Connaissant les hommes et les choses parce
qu'elle ne gouverne pas d'hier, elle sait choisir
l'heure précise pour introduire un progrès nécessaire ; elle possède donc deux qualités indis-
pensables pour la bonne direction des affaires :
savoir maintenir les lois reconnues utiles et
bonnes, savoir les modifier au temps voulu pour
accélérer le mouvement de perfection qui doit

toujours entraîner les peuples vers des aspirations pacifiques et généreuses.

La monarchie héréditaire maintient la succession des princes dans la même famille : nouvelle garantie pour la prospérité des sociétés.

Le monarque qui arrive au trône par voie de succession a non-seulement sa propre gloire à fonder, mais encore il doit soutenir celle de ses aïeux.

Ce nouveau roi va vivre pour lui-même d'abord ; il sait qu'un jour l'histoire jugera ses actes et que la postérité lui décernera des couronnes s'il a fait le bien, le chargera d'anathèmes s'il s'est conduit en tyran ou s'il a laissé aller à la dérive les affaires de son royaume.

Mais une pensée plus gênante le poursuit : il est chargé de continuer la série glorieuse des belles actions de ses prédécesseurs et de soutenir leur renommée. Que fera-t-il? Ira-t-il détruire en un seul jour l'illustration brillante de ses pères? Démolira-t-il, par sa démence ou son incurie, le superbe édifice élevé par ceux de qui il tient son rang élevé? Ne craindrait-il pas de voir sortir de leurs tombes ceux qui furent ses maîtres et ses pères, pour lui reprocher sa coupable indifférence ou ses abus scandaleux. Au-dessus de sa tête plane, non l'épée de Damoclès, mais la mémoire toujours vivante de ses ancêtres.

L'aventurier et le parvenu n'ont point à compter avec les exigences du passé ; ils ont tout à fonder, tout à constituer, rien à conserver ; et si l'entraînement des passions les conduit à l'abîme, ils n'auront point à redouter une comparaison qui les écraserait : ils sont seuls.

Il n'est pas rare, en outre, de voir l'aventurier, saisi soudain de vertige à la seule pensée de sa prodigieuse élévation, fléchir sous le poids des affaires ou se lancer dans de folles entreprises. Sorti d'un rang vulgaire, le pouvoir entre ses mains le flatte, l'embarrasse et finit par faire naître dans son âme enivrée de sa grandeur les sentiments d'un faste insensé. La tyrannie n'est pas loin du vertige ; le pouvoir est une pile électrique douée d'une force tellement puissante qu'elle foudroie ceux qui ne sont pas habitués de longue date à subir son action.

Le prince héréditaire jouit sans embarras comme sans ostentation d'une grandeur qui lui paraît légitime et naturelle ; né aux pieds du trône, il en escalade facilement les degrés ; parvenu à cette hauteur il sent qu'il est dans son élément et qu'il n'a pas grand effort à faire pour posséder le noble cortége des vertus royales : le sang qui circule dans ses veines en contenait le précieux germe.

Les maisons régnantes, en possession de la monarchie héréditaire, fournirent peut-être aux États, dans une longue suite de siècles, quelques princes inhabiles ou vicieux, mais seules elles ont la gloire de posséder les vrais héros, les véritables législateurs, les véritables pasteurs des peuples.

Il règne, ce monarque ; ses intérêts sont confondus avec ceux de ses peuples, sa gloire est unie à leur gloire, sa vie est identifiée à leur vie ; c'est un père avec ses enfants, c'est un patriarche guidant sa famille. Jamais ne se produit entre le roi et ses sujets cet antagonisme radical, né de la défiance et alimenté par la haine. Jamais un tel prince n'a besoin de se courber dans la poussière pour demander à son peuple s'il veut encore de lui, oui ou non. Il ne doute jamais de l'affection de ses sujets, comme aussi ses sujets le paient de retour par le dévouement le plus entier. La dignité est sauvegardée de part et d'autre, l'honnêteté préside à tout et ne tolère point ces scandaleuses et ineptes consultations des peuples par le suffrage universel.

Enfin, ce prince, cédant aux besoins de son cœur et aux intérêts de ses peuples, se voit

forcé de penser à l'avenir de sa race; il comprend
qu'il agirait en mauvais père s'il léguait à ses
descendants un héritage de honte et d'infamie,
s'il leur laissait un trône souillé de crimes, un
État déchiré par des factions intestines ou amoin-
dri dans sa gloire séculaire et dans son territoire
par des guerres désastreuses.

Tels sont les principaux avantages de la monarchie héréditaire et traditionnelle.

La France, si profondément abaissée par les
inepties de Napoléon, par les fautes de la République et par les forfaits de la Commune de
Paris, ne pourra trouver la paix, la prospérité,
la gloire, qu'en choisissant pour roi Mgr le comte
de Chambord, Henri de France, fils de nos rois,
illustre rejeton de ces princes qui portèrent si
haut la gloire du nom français.

Henri de Bourbon! c'est l'homme de la tradi-
tion. Pourquoi ne pas appeler à nous un prince
qui peut seul faire le bien de ses sujets? Soyons
logiques, éloignons les mots, ne soyons esclaves
que du bon sens. Que voulons-nous? Nous vou-
lons un chef qui puisse maintenir la gloire de
nos ancêtres, qui soit l'incarnation vivante du
génie de la France, dont le nom nous rappelle

tout ce qu'il y a d'illustre, de grand, de sublime.
Le nom d'Henri nous rappelle toutes ces gloires,
et l'historien, à quelque parti qu'il appartienne,
ne pourra jamais écrire une ligne de notre glorieux
passé sans parler de la famille de ce prince.

« Je suis touché, profondément touché des
» paroles qui ont été dites à cette tribune, disait
» ces jours derniers M. Thiers (1). On cède à des
» sentiments généreux, je le sais, j'en suis con-
» vaincu; on ne voudrait pas en ce moment faire
» un acte politique, on ne veut faire qu'un grand
» acte de générosité nationale envers *une illustre*
» *et auguste famille, dont la destinée tout entière*
» *est liée aux destinées de la France et qui n'en*
» *a été séparée que depuis trois quarts de siècle.*
» Messieurs, personne plus que moi n'a un pro-
» fond respect pour cette grande et illustre famille
» de Bourbon, dont je ne crains pas de prononcer
» ici le nom, *non pas qu'on doive jamais craindre*
» *de le prononcer, car ce serait ne pas oser pro-*
» *noncer le nom de la France.* »

Henri de Bourbon! c'est l'homme de la légitimité.

Suivant la rigueur du droit, la France n'ap-
partient à personne, parce que toute nation peut,
quand l'intérét général l'exige, faire rentrer

(1) Assemblée nationale de Versailles, 8 juin 1871.

dans la vie privée un monarque inhabile ou coupable, pour porter sur le pavois un chef déjà grand par ses services, ses mérites, ses exploits : Pépin **a** régné légitimement.

Mais quand la société a passé par les adversités les plus dures, quand elle a été dupe de toutes les fourberies, quand elle a rejeté de son sein un empereur qui l'a réduite aux plus terribles extrémités, quand elle paraît sur le point d'expirer, agonisante, sans entrevoir les moindres lueurs d'un jour prospère, il est du devoir du prince injustement et illégalement renversé du trône de se présenter et de dire : Me voilà, je suis l'homme de la légitimité. La Révolution, qui est la négation formelle des volontés de **la** nation, a porté atteinte aux droits sacrés de **mes** pères ; ces droits sont vivants, je les viens revendiquer. « Croyez-le bien, je serai appelé, » non-seulement parce que je suis le droit, écrit » Mgr le comte de Chambord au général Donadieu, 8 mai 1871, mais parce que je suis l'ordre, parce que je suis la réforme, parce que je » suis le fondé de pouvoir pour remettre en sa » place ce qui n'y est pas. »

Henri de Bourbon ! c'est l'homme de l'honnêteté. Il ne suffit pas de régner, il faut régner avec honnêteté ; il ne suffit pas de gouverner, il

faut gouverner en suivant les principes de la vérité comme de la justice. L'honneur ne doit pas
être seulement la prérogative de l'homme privé,
il doit l'être surtout, et dans un haut degré, de
l'homme public. C'est la pensée d'Henri de
France. Au-dessus de tous les bienfaits dont je
voudrais doter la France, je place l'honnêteté.
« L'honnêteté, qui n'est pas moins une obligation
» dans la vie publique que dans la vie privée !
» L'honnêteté, qui fait la valeur morale des États
» comme des particuliers. »

(9 décembre 1866.)

Qui pourra citer, dans la vie de ce prince, une
bassesse, une indélicatesse, une démarche fausse ?
Ici, tout est honneur, loyauté, franchise, droiture, probité.

Henri de Bourbon ! c'est l'homme du dévouement. Le récent manifeste de ce prince n'émane
pas d'une âme ambitieuse. Une âme ambitieuse,
dans la position de Mgr le comte de Chambord, eût
essayé de soulever le pays ; fort de ses droits et
de l'appui d'un parti puissant, il eût profité de
nos discordes pour se frayer un chemin jusqu'aux
marches du trône. Henri V s'est contenté de revendiquer pacifiquement ses droits, et si à l'heure
de nos profondes calamités, il vient s'offrir, c'est
pour obéir aux irrésistibles besoins de son cœur

et pour travailler au salut de cette France qui lui
fut toujours chère. « Comment tolèrerais-je des
» priviléges pour d'autres, moi qui ne demande
» que celui de consacrer tous les instants de ma
» vie à la sécurité et au bonheur de la France
» *et d'être toujours à la peine, avant d'être avec*
» *elle à l'honneur !* »

(Extrait du manifeste du 8 mai 1871.)

Henri de Bourbon ! c'est l'homme du régime
constitutionnel et l'ennemi du pouvoir absolu.
» On dit que je prétends me décerner un pouvoir
» sans limite... Ce que je demande, vous le savez,
» c'est de travailler à la régénération du pays, c'est
» de donner l'essor à toutes les aspirations légiti-
» mes, c'est, à la tête de toute la maison de
» France, de présider à ses destinées, en soumet-
» tant avec confiance les actes du gouvernement
» *au sérieux contrôle des représentants librement*
» *élus.* »

(Extrait du manifeste.)

Henri de Bourbon ! c'est le protecteur de la
religion. « Jetez les yeux sur la face de la terre,
» dit Plutarque, vous y trouverez des villes sans
» fortifications, sans lettres, sans magistrature ré-
» gulière ; des peuples sans habitations distinctes,
» sans professions fixes, sans propriété de biens,
» sans l'usage des monnaies et dans l'ignorance

» universelle des beaux-arts ; mais vous ne trou-
» verez nulle part une ville sans connaissance
» de la divinité.

» Une nation chrétienne, dit le prince, ne peut
» pas impunément déchirer les pages séculaires
» de son histoire, rompre la chaîne de ses tradi-
» tions, inscrire en tête de sa constitution la né-
» gation des droits de Dieu, bannir toute pensée
» religieuse de ses codes et de son enseignement
» public.

» Dans ces conditions, elle ne fera jamais qu'une
» halte dans le désordre, elle oscillera perpétuelle-
» ment entre le césarisme et l'anarchie, ces deux
» formes également honteuses des décadences
» païennes, et n'échappera pas au sort des peu-
» ples infidèles à leur mission. »

(Extrait du manifeste.)

A la France d'appeler à elle son libérateur et
son roi !